山のABC

テーピングで快適！
登山&スポーツクライミング

高橋 仁

JN087293

ヤマケイ新書

Contents

3

第3章／
登山に便利な
プレカットテープ

4

**第4章／
スポーツクライミングの
テーピングテクニック** 127

5

第5章／
スポーツクライミングに
便利なプレカットテープ

カバー&デザイン
尾崎行欧
宮岡瑞樹
本多亜実（oi-gd-s）

編集
川原真由美
五十嵐雅人（山と溪谷社）

イラスト
越井 隆

写真
小山幸彦（STUH）

モデル
AYA
小池 翼
（BARK in STYLe）

ウェア協力
パタゴニア日本支社

スツール（登山編）
IKUSUSU

第1章 キネシオロジーテープの基礎知識

Chapter

1

キネシオロジーテープってどんなモノ?
貼ることでどんな効果があるの?
知ることでテーピングの目的を明確にして、
意識しながら貼るのが効果の要。
基本的な使い方も覚えておこう。

キネシオロジーテープとは?

キネシオロジー(kinesiology)
＝人体運動機能学

この言葉に由来するキネシオロジーテープは、「固定」を基本としていたテーピングテクニックに「筋肉の働きをサポートする」という新しい流れをつくり、現在では世界各国のスポーツシーンで愛用されている。

筋肉と同じくらいの、ゆるやかな伸縮性があり、薄く柔らかいのが特徴。筋肉に沿って貼ることで、動きを助けたり、関節を軽く固定したりするのに使われる。

従来の非伸縮テープ、伸縮テープと比べて、初心者にも扱いやすく、裏に台紙が付いているので必要な分だけをカットして持ち歩けるのも便利だ。

「ケガをしたから」ではなく、
「快適に動くために」貼る

「捻挫したときのために」とファーストエイドキットにテーピングテープを入れたり、「痛みがあるから」と負担のかかる部位を固定したり。テーピングには、ケガをしたり痛みが出たりした"あと"のイメージが強い。

でも、キネシオロジーテープは登山やクライミングの前に、快適に登るために貼るのが基本。イメージは動きを助けるサポートウェアを取り入れるのに近い。

筋肉や関節のパフォーマンスをよい状態に保ち、疲れにくくする。アプローチは違うが、サプリメントのアミノ酸に求める効果にも近いかもしれない。

これからは、調子よく登るためのテーピングを動き始める前のルーティーンに追加。サポートウェアの「テーピング効果」をキネシオロジーテープにまかせれば、ウェアの選択肢も広がる。

どんなふうに役立つ？

筋肉サポート

 テープを伸ばさずに貼る

筋肉と同等の伸縮性をもつキネシオロジーテープを貼ることで、平常時より伸びすぎたり、縮みすぎたりしている筋肉に以下のような作用と効果が期待できる。筋肉のコンディションを維持し、疲労を抑えることにより、いい状態で、長く動けるようにするイメージ。筋肉に沿って、伸ばさずに貼るのがポイントだ。

筋機能の改善	筋肉の緊張を緩和し、動きやすくする。
血液・リンパ液の循環改善	キネシオロジーテープを貼ることで、皮膚が持ち上げられて隙間ができ、循環への圧迫を軽減。筋肉に栄養を運び、老廃物は排出される。
疼痛抑制	皮膚に密着していることで、脳への痛みの伝わりを軽減する。痛いところをさするのは、同じ効果をねらった無意識の行動。
関節矯正	筋肉が疲労して硬くなり、緊張すると、腱が引っ張られることによって関節にズレが生じる。キネシオロジーテープで筋肉の緊張を緩和することで、このトラブルを回避する。

軽い関節固定

 テープを伸ばしながら貼る

ガッチリ固めるのではなく、キネシオロジーテープの
ゆるやかな伸縮性を利用した、動きに支障しない範
囲での固定。関節の位置や動きを正常な状態に保
つためのガイド的な役割を担ってくれる。

捻挫にたとえると、足首を内側にひねらないようにす
る効果もあるが、すごく強力というわけではない。一
方で、テープが貼ってあることによって、好ましくない
動きが生じたときに早い段階で察知できるというメリ
ットがうまれる。

皮膚のセンサーが敏感になり、脳を通じて「戻せ」と
いう指令を適切な筋肉に出してくれる。なにかが肌
に触れていると、気になる。そんな人間の特性を生か
したテクニックだ。

使いやすい
キネシオロジーテープは?

50mm幅のロールテープ

貼り方に合わせてカットして使う万能タイプ。ケアするところは同じでも、人によって必要な長さは違うもの。ロールテープならぴったり体のサイズと合わせてテーピングできる。

登山やクライミングでテーピングする場合は比較的大きな筋肉に貼ることが多いので、幅は50mmをチョイス。本書でもロールテープの使い方は50mm幅だけを使っている。

テーピング箇所が決まっているなら、あらかじめカットして携行するとラク。ロールの芯を外し、たたんで持ち歩けるのも、台紙付きのキネシオロジーテープならではだ。

プレカットテープ

ひざ、足首、肩などのテーピングテクニックを1枚に落とし込んだスグレモノ。テープを切る手間が省けるだけでなく、ひざ＋ももといった具合に、複数のターゲットを1枚でケアできるものもある。

「ひざ用（左右2枚入り）」といった具合で、両脚、両腕など1回分がパッケージになったものが主流。試しに使ってみるのにもいいし、不安な箇所がある場合はコンパクトに携行できる。

詳しい説明書がついているので、初めてテーピングする人でも手順を追って迷いなく貼れるのもポイント。貼り方の動画を公開しているメーカーもある。

貼り方の基本

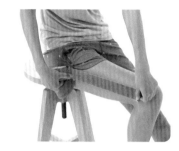

1 | 必要な長さを測る

自分の体にあてて必要な長さを測る。測ったら、目印に台紙を折っておこう。複数のテープを使うときは、折り返して本数分の印を入れておくと便利。

2 | 切る

折り目のところでテープと直角に切る。台紙のガイドラインを利用してまっすぐに。手では切れないので、ハサミを使う。

3 | 角を丸める

はがれやすい四角を丸くカットしておく。このひと手間をおしむと、ウェアとの摩擦でめくれてしまい、きちんと効果が得られないことも。

4 | 端の台紙を はがす

テープの端から5cmくらいのところで台紙を切って、はがす。テープをねじって、くっつけてしまわないよう、左右に引っ張るように切るといい。

5 | テープの 持ち方

一方の手をテープの端に添え、もう一方は人さし指と中指で台紙をはさむ。テープと台紙は貼り進めながらはがしていく。

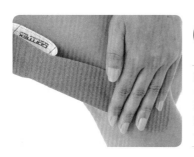

6 | テープの 端を貼る

貼り始めの3~4cmを伸ばさずに貼る。端を伸ばした状態で貼るとはがれやすいので、関節固定で伸ばしながら貼る場合も、両端は伸ばさない。

テープを伸ばさずに貼る場合

7 | テープを貼り進める

台紙を持った手を滑らせるように進め、反対側の手でテープを肌に貼っていく。先行する手でテープを引っ張って伸ばさないように。

8 | テープの端をとめる

貼り始めと同様に、最後もテープを伸ばさずに貼る。

9 | しっかり密着させる

貼り終わったら、テープの上から手のひらでさする。摩擦の熱でテープの粘着剤が溶けて密着性がアップするのだ。忘れやすい行程なので習慣づけておきたい。

テープを伸ばしながら貼る場合

7 テープを伸ばす

テープの端を押さえ、台紙を持ったほうの手でテープを伸ばす。伸ばす途中でくっついてしまわないように、肌から少し離して。

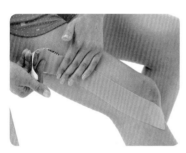

8 貼り進める

テープを伸ばした状態で、反対側の手で貼りつけていく。「伸ばして貼る」を小刻みに繰り返すのではなく、端まで一気に伸ばし、テンションを保って貼り進める。

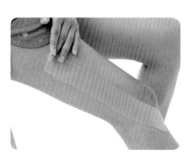

9 テープの端をとめ、密着させる

この行程は伸ばさないで貼る場合と同じ。テープの端3〜4cmは伸ばさないで貼り、全体を手のひらでさすって密着させる。

テープの伸ばし具合は?

「わからない!」という疑問が多いのが、
テープの伸ばし具合。
引っ張りすぎると窮屈ではがれやすくなり、
伸ばし足りないと効果が薄れてしまう。

方法 1 マックスまで伸ばし、半分戻す

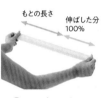
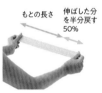

もとの長さ

もとの長さ 　伸ばした分 100%

もとの長さ 　伸ばした分 を半分戻す 50%

❶テープを伸ばさず
に持つ。ゆるみがな
いように。

❷テープを最大限に
伸ばす。伸ばしてい
って自然に止まると
ころまで。テープの
サイドが丸まるような
ら伸ばしすぎ。

❸伸びた分の半分を
戻す。ここがちょうど
いい伸ばし具合。

方法 2 伸ばしきって、ふっと戻す

❶ テープを伸ばさずに持つ。

❷ テープを最大限に伸ばす。要領は上記と同じ。

❸ 伸ばした手の力を抜いて、ふっと戻す。
　テンションを解放したときに最初の反発で戻るところまで。
　実際にやってみると、意外と簡単に感覚をつかめる。

こうならないように
気をつけよう

台紙を先に
はがしてしまい、
グチャグチャ

貼り始める前に台紙を全部は
がしてしまうと……。テープだ
けをだらんと持っていると、くっ
つきやすく、扱いも難しい。テ
ープ同士がくっつくと、はがす
のは困難なので気をつけよう。

しわが寄ったり、
浮いていたり

貼り終わったテープに、しわや
浮きがあると、きちんとした効
果を発揮できず、またはがれや
すくなる。台紙は少しずつはが
し、慌てず確実に貼っていこう。

はがすときは

ビリッと乱暴にはがすと、痛
みがあるのはもちろん、肌を
傷める原因に。テープの端か
ら折り返し、皮膚を反対方向
に引っ張るようにするのがコ
ツ。皮膚のほうをテープから
はがす要領で。

ロールテープを
スマートに持ち歩く

　裏に台紙が付いたキネシオロジーテープは、必要な分だけをカットして持ち歩けるのがいいところ。テーピングする箇所、山行日数に適切な長さを持っていこう。

　切り出したテープは折りたたんでジッパー付きのストックバッグなどに入れておくといい。台紙がはがれないよう輪ゴムで軽くまとめておくか、ぴったりサイズの袋に遊びがないように入れておきたい。

　テーピングする箇所が決まっているなら、カットして角を丸めた状態にして持ち歩けば、貼るときの作業が断然ラク。山小屋の朝、パパッと慣れた手つきでテーピングする姿は、なかなか格好いいものだ。

Chapter

2

第2章　登山のテーピングテクニック

50mm幅のロールテープを使って、
"登山で不安なところ"にアプローチ。
ももやひざなど、12のパーツに分けて解説。
ダメージの原因を理解しながら、
テーピング方法をマスターしよう。

テープはこの色の順で
貼っています。

1

下りでひざに激痛……。
涙目で途方に暮れた。そんな人は必見。
次の山行で繰り返さないために、
無理をせず、テーピングで予防を。

ひざ外側

ターゲット

腸脛靱帯

テーピングの目的

靱帯サポート

- 大腿筋膜張筋が疲労し、伸縮性が低下する。
- 大腿筋膜張筋とつながる腸脛靱帯が硬くなり、緊張する。
- 屈伸のたびに、腸脛靱帯とひざの外側に出っ張っている骨の間で摩擦が繰り返される。
- その結果、ひざの外側に痛みが生じる。
- 登りでも下りでも、ひざの屈伸で痛み、以降の山行で繰り返しやすい。
- 腸脛靱帯のサポートテーピングで、疲労、痛みを抑制する。

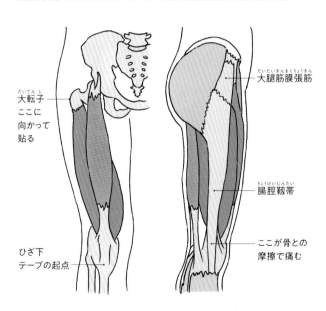

大転子
ここに
向かって
貼る

大腿筋膜張筋

腸脛靱帯

ここが骨との
摩擦で痛む

ひざ下
テープの起点

2｜登山のテーピングテクニック

❶ひざ外側

23

Taping Techniques

テーピングテクニック

使うのはコレ

 →

50mm幅の
キネシオロジーテープ

測り方

❶ ひざ下からももの真横へ。
❷ 大転子（→P23）の
　下でカット。
❸ 1本用意する。

貼るときはこの姿勢で

椅子に座り、
貼る脚のひざを軽く曲げる。

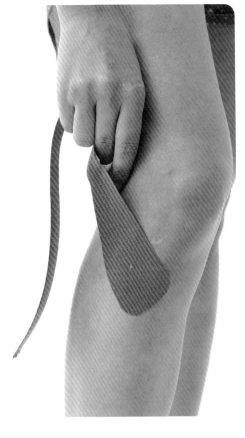

1

ひざの下から、
ひざの外側に向かってスタート。

Point ● テープがひざのお皿にかからないように。
　　　 ● テープの端は伸ばさずに貼る。

25

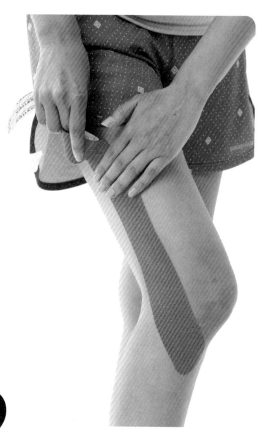

2

テープを伸ばさずに、
腸脛靭帯（→P23）を通り、
大腿骨の付け根（大転子→P23）に
向かって貼っていく。

Point ● 脚を伸ばしたとき、ひざ外側のやや上でコリコリと感じる
筋が腸脛靭帯。腸脛靭帯の延長線上に貼る要領で。

3

| ももの上方（大転子の下）で終了。

Point ● まっすぐに立ち、片脚を前後に振ったときに脚の
　　　付け根外側でグリグリ動いているところが大転子。
　　　● ひざ下から腸脛靱帯を通り、
　　　大転子へときれいに伸びていることを確認しよう。
　　　● テープの端は伸ばさずに貼る。

完成！

ひざが痛くなる
人のための
基本形♪

キネシオロジーテープは
どこで買う?

登山用具・スポーツ用品店、ドラッグストアをのぞいてみよう。登山用具店ではプリカットタイプを置いているところが多い。ひざ、足首など登山者のニーズに合った製品がそろっていて、初めてテーピングする人も迷わずセレクトできる。

スポーツ用品店や大型ドラッグストアでは、ロールテープの種類が豊富。ただし、すべてがキネシオロジーテープではなく、非伸縮テープ(ホワイトテープ)・伸縮テープと一緒に並んでいるので、種類やテープ幅をよく確認して購入したい。

ネットストアはいろいろな製品を比較検討したい人におすすめ。肌への負担を減らすために粘着剤を工夫していたり、撥水タイプがあったり、カラーが豊富だったりする。メーカーや製品ごとの特徴を知って、自分に合うものを購入しよう。

2

疲れてくるとひざの内側が痛くなる。
普段は違うのに、X脚気味になってくる。
そんな人はテーピングでバッテンをつくろう。
内側の靱帯の助っ人になってくれる。

ひざ内側

ひざ関節の内側

軽い関節固定

- 大腿骨は腰からひざへ内向きについているため、
  ひざの内側に荷重がかかりやすい。
- ひざが内側へ入るのを抑制している筋肉が疲労し、内側側副靱帯
  や周囲の組織への刺激が蓄積されて痛みを引き起こす。
- 内側広筋、大腿筋膜張筋（→P23）が弱いと起こりやすい。
- 荷重によって痛むので、下りで起こりやすく、
  体重の重い人は要注意。
- ももの筋肉による抑制が利かなくなると、X脚になってくる。
- **内側側副靱帯の働きをテーピングで強化。**
- **テーピングで靱帯を1本増やしてあげるイメージ。**

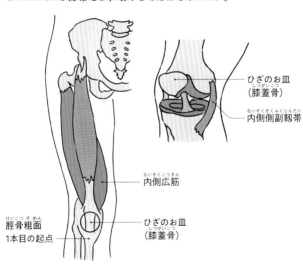

ひざのお皿
しつがいこつ
（膝蓋骨）

ないそくそくふくじんたい
内側側副靱帯

ないそくこうきん
内側広筋

けいこつ そ めん
脛骨粗面
1本目の起点

ひざのお皿
しつがいこつ
（膝蓋骨）

2
登山のテーピングテクニック

❷
ひざ内側

31

Taping Techniques

テーピングテクニック

使うのはコレ

    →

50mm幅の
キネシオロジーテープ

測り方	貼るときはこの姿勢で

測り方

❶ ひざの内側を通るように、
ひざ下からひざ上へ。

❷ 3本用意する。

貼るときはこの姿勢で

椅子に座り、
貼る脚のひざを
軽く曲げる。

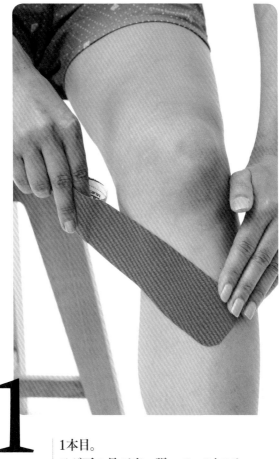

1

1本目。
ひざ下の骨が出っ張っているところ
(脛骨粗面→P31)から、
ひざの内側に向かってスタート。

Point ● 脛骨粗面はひざのお皿の正面真下、
　　　　軽く盛り上がっているところ。
　　　● テープの端は伸ばさずに貼る。

33

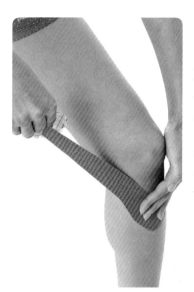

2

テープを伸ばしながら、
ひざの内側中央
（内側側副靱帯→P31）
を通って、
そのまま貼り進める。

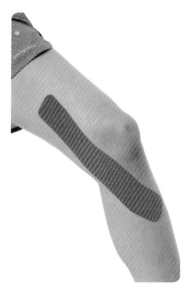

3

1本目の貼り終わり。

Point

● テープの端は
　伸ばさずに貼る。

4

2本目。
ふくらはぎの上から
スタート。
ひざの内側中央で1本目と
クロスさせるように、
伸ばしながら貼っていく。

Point

● ひざの内側中央で
　交差させることが大切。
● 貼る前に角度の目安を
　つけておこう。

5

2本目の貼り終わり。

Point

● テープの端は
　伸ばさずに貼る。

6

3本目。
1本目と2本目の間に貼る。
内側中央で
クロスさせるように、
伸ばしながら貼っていく。

Point

● 1本目、2本目と
  同じところで交差させる。

7

3本目の貼り終わり。

Point

● テープの端は
  伸ばさずに貼る。

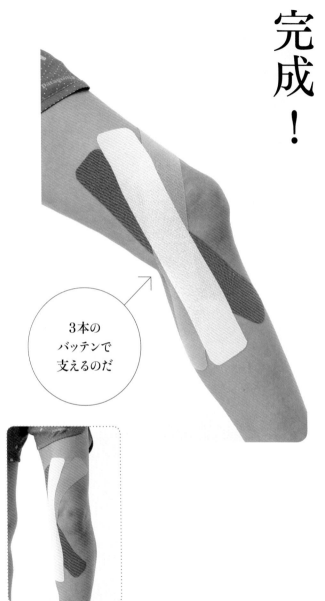

完成！

3本の
バッテンで
支えるのだ

3

前ももの筋肉をサポートしつつ、
ひざ関節の動きをスムーズにしてくれる。
すでに痛みをかかえている人だけでなく、
「なんとなくひざが不安」という人にも。

ひざ下部

ターゲット	テーピングの目的
大腿直筋	筋肉サポート

ターゲット	テーピングの目的
ひざ関節	軽い関節固定

- 大腿直筋は股関節とひざ関節の動きに関わり、大腿四頭筋のなかでも重要な存在。
- 大腿直筋が疲労により硬くなり、緊張する。
- 大腿直筋からひざのお皿（膝蓋骨）を介して、脛骨へとつながる膝蓋靱帯が引っ張られることによって痛みが生じる。
- ひざの下が痛むのは、膝蓋靱帯がひざのお皿を介して、脛骨まで達しているから。
- 大腿直筋の筋肉サポートで、疲労、痛みを抑制し、循環を保つ。
- 軽い関節固定で膝蓋骨の動きをなめらかにし、テープの位置で動き方をガイドする。

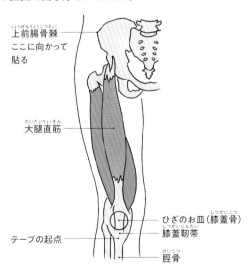

上前腸骨棘（じょうぜんちょうこつきょく）
ここに向かって貼る

大腿直筋（だいたいちょっきん）

ひざのお皿（膝蓋骨）（しつがいこつ）
膝蓋靱帯（しつがいじんたい）

テープの起点

脛骨（けいこつ）

Taping Techniques

テーピングテクニック

使うのはコレ

50mm幅の
キネシオロジーテープ

測り方

① ひざ下から脚の
　付け根にテープをあてる。
② 上記の70％程度の
　長さにカット。
③ 2本用意する。

貼るときはこの姿勢で

椅子に座り、貼る脚の
ひざを直角に曲げる。

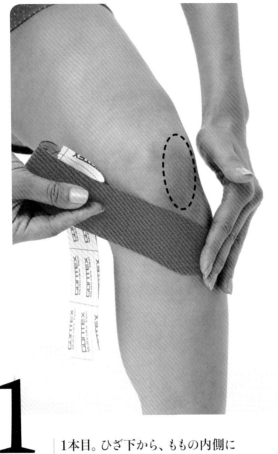

1

1本目。ひざ下から、ももの内側に向かってスタート。

Point
- テープの上辺がひざのお皿のふちに沿うように。
- テープの端は伸ばさずに貼る。

2

テープを伸ばしながら、
ひざのお皿の
内側に沿って貼る。

Point

● テープを伸ばすのはひざの
　まわりだけ。
● テープの内側がひざの
　お皿のふちに沿うように。

3

ひざ上からはテープを
伸ばさず、腰骨の外側
（上前腸骨棘→P39）
へ向かって貼り進める。

Point

● ももの部分はテープを
　伸ばさない。
● 上前腸骨棘は腰骨の上方で
　出っ張っているところ。

4

2本目。
ひざ下の同じ位置から、
ももの外側に向かって
スタート。

Point

● テープの上辺がひざの
　お皿のふちに沿うように。

5

テープを伸ばしながら、
ひざのお皿の外側に
沿って貼る。
ひざ上からはテープを
伸ばさず、腰骨の外側に
向かって貼り進める。

Point

● めざす方向は1本目と同じ。

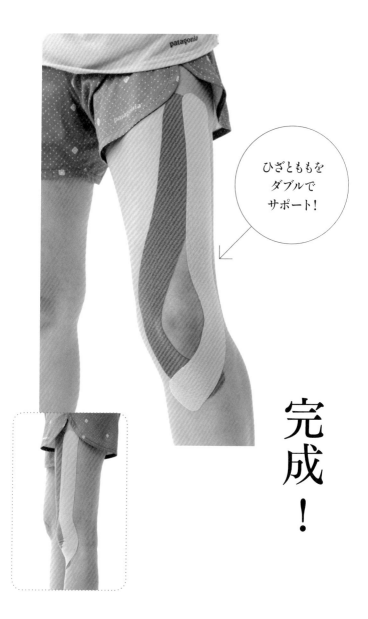

ひざとももを
ダブルで
サポート！

完成！

C
Column

ほかのタイプの
テーピングテープ

種類によって機能と目的が異なるので、特徴を知っておこう。キネシオロジーテープがおもに筋肉の働きをサポートするのに対し、そのほかのテープは固定や可動域の制限を目的としているのが大きな違いだ。

非伸縮テープ（ホワイトテープ）は、強い力で動きを制限するためのもの。使い方を熟知していないと扱いが難しい。また、固定力が強く、可動域が制限されるので、動きやすさが損なわれる。

キネシオロジーテープ以外の伸縮テープもあるが、素材が厚く、連続した動きや多量の発汗ではがれやすい傾向が。また、伸縮性はあるが、筋肉サポートのために使うのは不向き。

左からキネシオロジーテープ、非伸縮テープ、伸縮テープ

2 登山のテーピングテクニック

❸ ひざ下部

4

踏み出した脚のひざがカクン。
ふんばりが利かず、足どりがヨロヨロ。
将来的にはももの筋肉を鍛えて解決したい。
でも、当座はテーピングの力を借りよう。

ひざ不安定感

ひざ関節

軽い関節固定

- 大腿四頭筋が疲労により硬くなり、緊張して、力を発揮できなくなる。
- 大腿四頭筋の力が低下すると、ひざの動きを抑制できなくなる。
- ふんばりが利かず、いわゆる「ひざが笑う」という状態。
- 半月板や靭帯など、過去にひざのケガをしたことがある人は、不安定になりやすい。
- 前ももに負担がかかる下りで症状が出やすい。
- ひざ関節を軽く固定することで、横ぶれやねじれを抑制して安定させる。
- 普段からひざが不安定な人には不適。症状に合ったケアを。

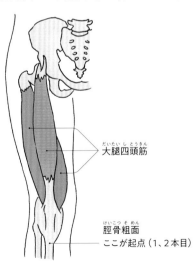

だいたい し とうきん
大腿四頭筋

けいこつ そ めん
脛骨粗面
ここが起点（1、2本目）

47

Taping Techniques

テーピングテクニック

使うのはコレ

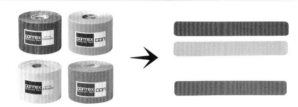

50mm幅のキネシオロジーテープ

測り方

① ひざ下からひざ裏を
通って、ひざ上へ。
らせん状に巻きつける。
② 4本用意する。

貼るときはこの姿勢で

椅子に座り、
貼る脚のひざを軽く曲げる。

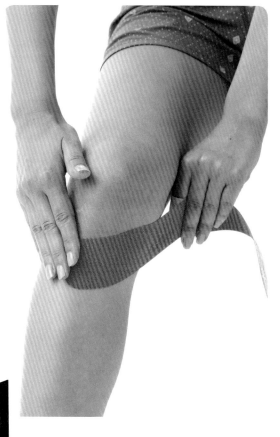

1

1本目。
ひざ下の骨が出っ張っているところ
（脛骨粗面→P47）から、
ひざの内側に向かってスタート。

Point ● 脛骨粗面はひざのお皿の正面真下、
軽く盛り上がっているところ。
● テープの端は伸ばさずに貼る。

2

テープを伸ばしながら、
ひざの裏側を通って、
らせん状に貼り進める。

3

ひざの裏側を通った
あとは自然な方向へ。

Point

● テープの端は
　伸ばさずに貼る。

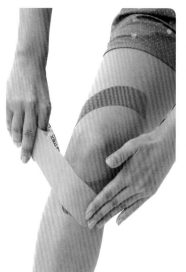

4

2本目。
1本目と同じ位置から、
反対向きにスタート。

5

テープを伸ばしながら、
ひざの裏側を通って、
らせん状に貼り進める。

Point

● テープの端は
　伸ばさずに貼る。

51

6

3本目。
1本目とテープ幅を
半分ずらして貼っていく。

Point

● テープがひざのお皿に
　かからないように。
● ひざのお皿にかかる場合は、
　ずらす幅を小さくする。

7

3本目の貼り終わり。

Point

● テープの端は
　伸ばさずに貼る。

8

4本目。
2本目とテープ幅を
半分ずらして貼っていく。

Point

● テープがひざのお皿に
　かからないように。
● ひざのお皿にかかる場合は、
　ずらす幅を小さくする。

9

4本目の貼り終わり。

Point

● テープの端は
　伸ばさずに貼る。

53

完成！

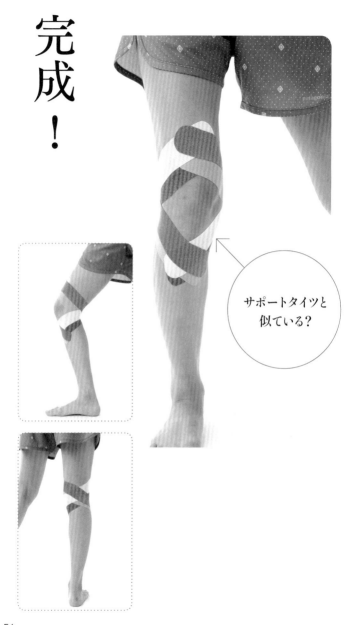

サポートタイツと
似ている？

54

ターゲットを
しっかり意識する

筋肉の働きを助けるために貼るのだから、テーピングするときは、ターゲットがどこにあって、どういうカタチをしているのか、しっかり意識しておくことが大切。

手のひらで筋肉のカタチをなぞってみるのもよし、人体解剖図で確認してみるのもよし。登山のどういう動きで負担が生じるのかも理解しておきたい。

そして、ターゲットの筋肉を意識しながら、その上に重ねるようにキネシオロジーテープを貼っていく。なんとなく貼るのとは、筋肉との協調性が違ってくるはず。

行動中も使う筋肉を意識しながら、ひとつひとつのアクションを起こすようにすると、さらにいい。体と対話するイメージで。

5

翌日の階段が苦行になる
「登山後の筋肉痛は?」といえばココ!
筋肉をサポートして、下りをスイスイ。
下山後のリカバリーにも効く。

もも前面

ターゲット

大腿四頭筋

テーピングの目的

筋肉サポート

- とくに酷使されるのは下り。
- 大腿四頭筋が疲労することで痛みが生じる。
- 筋肉が伸ばされる力と収縮する力が拮抗するので
  ダメージを受けやすい。
- 大腿四頭筋のサポートテーピングで、
  疲労、痛みを抑制し、循環を保つ。
- 登山の途中でストレッチするとさらによい。
- 下山後の筋肉痛解消にも効果的。2～3日はテーピングを。

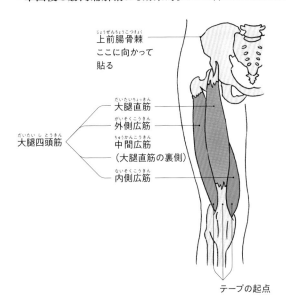

上前腸骨棘（じょうぜんちょうこつきょく）
ここに向かって
貼る

大腿直筋（だいたいちょっきん）

外側広筋（がいそくこうきん）

大腿四頭筋（だいたいしとうきん）

中間広筋（ちゅうかんこうきん）

（大腿直筋の裏側）

内側広筋（ないそくこうきん）

テープの起点

Taping Techniques

テーピングテクニック

使うのはコレ

 →

50mm幅の
キネシオロジーテープ

測り方	貼るときはこの姿勢で

測り方

① ひざ上から股関節へ。
② 上記の70%程度の
　 長さにカット。
③ 3本用意する。

貼るときはこの姿勢で

椅子に座り、
貼る脚のひざは直角に。

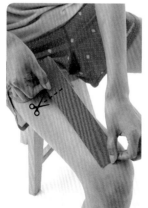

1

1本目。
ひざのお皿のすぐ上からスタート。

Point ● テープの端は伸ばさずに貼る。

2

テープを伸ばさずに、
腰骨の出っ張った部分
（上前腸骨棘→P57）
に向かって貼っていく。

Point

● 大腿直筋（→P57）の上を
通るイメージで。

3

1本目の貼り終わり。

Point

● テープの端は
伸ばさずに貼る。

4

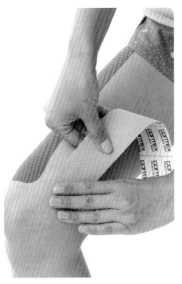

2本目。
起点は、ひざを伸ばした
ときに内側で筋肉が
盛り上がるところ
(内側広筋→P57の
下端)。

5

テープの終点は
1本目と同じ。
伸ばさずに貼る。

Point

● 内側広筋の上を
　通るイメージで。
● テープの端は
　伸ばさずに貼る。

6

3本目。
起点は、ひざを
伸ばしたときに外側で
筋肉が盛り上がるところ
(外側広筋→P57の
下端)。

7

テープの終点は
1本目と同じ。
伸ばさずに貼る。

Point

- 外側広筋の上を
  通るイメージで。
- テープの端は
  伸ばさずに貼る。

完成！

大腿四頭筋と
同じカタチ！

登りで積極的に使いたいハムストリングス。
でも、ぐいっと大きな段差を登ったとき、
痛みや痙攣を感じるのはイエローシグナル。
静荷重を心がけ、適切なケアを。

もも後面

ハムストリングス

筋肉サポート

- おもに使われるのは、足場に乗り上がるとき。
- 乗り上がる足に対し、重心が遅れていると負担が増す。
- ハムストリングスが疲労して、痛みが生じる。
- 下りでもひざ関節のサポートのため、補助的に使われる。
- ハムストリングスのサポートテーピングで、疲労、痛みを抑制し、循環を保つ。

2 — 登山のテーピングテクニック

❻ もも後面

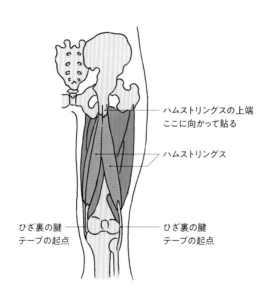

ハムストリングスの上端
ここに向かって貼る

ハムストリングス

ひざ裏の腱
テープの起点

ひざ裏の腱
テープの起点

65

Taping Techniques

テーピングテクニック

使うのはコレ

50mm幅の
キネシオロジーテープ

測り方

① ひざ裏の腱から、
　おしりの下の出っ張った
　骨まで。
② 2本用意する。

貼るときはこの姿勢で

貼るほうの脚を椅子に乗せ、
ひざはまっすぐに。

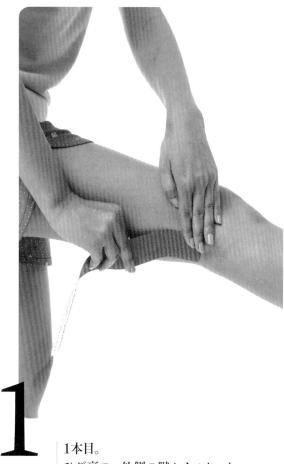

1

1本目。
ひざ裏の、外側の腱からスタート。

Point ● 腱がテープの真ん中にくるように。
　　　 ● テープの端は伸ばさずに貼る。

2

テープを伸ばさずに、
おしりの下、
ももの真ん中に向かって
貼っていく。

Point

● ももの後ろの筋肉
（ハムストリングス→P65）の
上端に向かうイメージ。

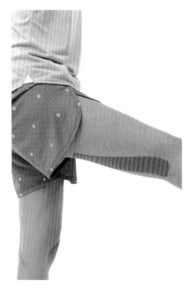

3

1本目の貼り終わり。

Point

● テープの端は
伸ばさずに貼る。

4

2本目。
ひざ裏の、内側の腱からスタート。
テープを伸ばさずに、おしりの下、
ももの真ん中に向かって貼っていく。

Point ● 腱がテープの真ん中にくるように。
　　　● めざす方向は1本目と同じ。

完成！

ハムストリングス
のサポート隊

「貼った感」が
あまりない?

テーピング＝締めつけたり、がっちり固定したり。こんなイメージがあると、筋肉サポートのために貼ったとき「あれ?」と思うかも。

筋肉サポートの場合、テープを伸ばさないで使うので、貼り終わっても「すごく違う!」という感覚は得にくい。不安を感じるかもしれないが、そこは問題なし。

固定が目的ではないし、キネシオロジーテープは筋肉と同じように伸びるので、これは自然なこと。筋肉を伸ばした状態で貼るので、リラックスさせるとテープがシワシワになったりするが、これもOK。

どうしても「貼った感」がほしいときは、少しだけ伸ばして貼ってもよし。ほんのり皮膚が引っ張られる刺激で、ターゲットの筋肉を意識しやすくなる。

つま先でぐいっと蹴り出して歩いていると、
たちまちふくらはぎがパンパンに。
テーピングでアキレス腱もまとめてケア。
フラットフッティングの基本も見直そう。

ふくらはぎ＆
アキレス腱

ターゲット	テーピングの目的
腓腹筋	**筋肉サポート**
ターゲット	テーピングの目的
アキレス腱	**動きを円滑に**

- つま先で蹴り出す動作で負担が生じ、大きな筋肉ではないので
  疲労が早い。
- 腓腹筋が疲労して、ふくらはぎに痛みが生じる。
- 扁平足だったり、足首の関節が硬かったりすると負担が増す。
- 腓腹筋のサポートテーピングで、ふくらはぎの疲労、
  痛みを抑制し、循環を保つ。
- かかとの外側から親指への重心移動で生じる
  小さな足のねじれ（正常な動き）でアキレス腱に負担が生じる。
- テーピングでアキレス腱の動きを円滑にし、負担を軽減する。

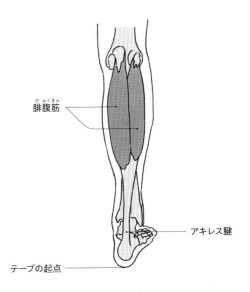

腓腹筋（ひふくきん）

アキレス腱

テープの起点

Taping Techniques

テーピングテクニック

使うのはコレ

50mm幅の
キネシオロジーテープ

測り方

① かかとの下から、
　ひざ裏の少し下まで。
② 2本用意する。

貼るときはこの姿勢で

貼るほうの脚を椅子に乗せ、
ひざは直角よりやや広め、
足首は直角に。

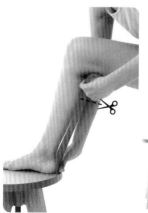 

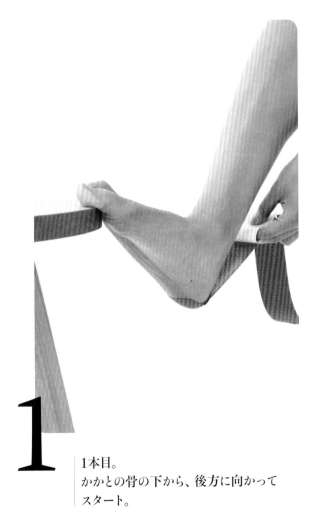

1

1本目。
かかとの骨の下から、後方に向かって
スタート。

Point ● かかとの真下からアキレス腱のほうへまっすぐに。
　　　● テープの端は伸ばさずに貼る。

2

テープを伸ばさずに、
アキレス腱の上を通り、
ふくらはぎ内側へ貼り
進める。

Point

● ふくらはぎの
　盛り上がっている
　ところをめざす。

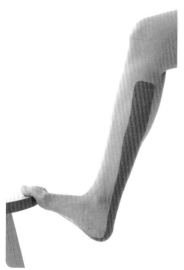

3

ふくらはぎを過ぎたら、
自然な方向へ。

Point

● テープの端は
　伸ばさずに貼る。

4

2本目。
1本目と重ねて、
かかとの骨の下から
スタート。

5

テープを伸ばさずに、
アキレス腱の上を通り、
ふくらはぎ外側へ貼り
進める。

Point

● スタートから
　アキレス腱までは
　1本目と重ねて貼る。

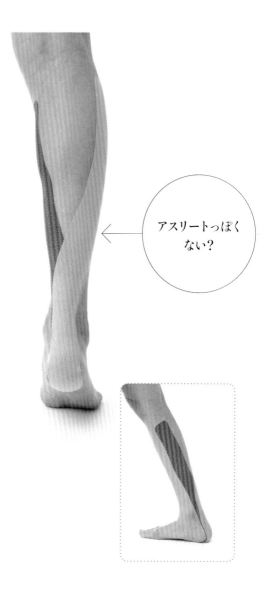

アスリートっぽくない？

完成！

バリエーション

1本をスプリットして貼る

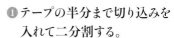

❶ テープの半分まで切り込みを
　入れて二分割する。
❷ テープを伸ばさずに、
　かかと下からアキレス腱まで
　まっすぐに貼る。
❸ ふくらはぎはカットした
　テープを左右にふり分けて、
　伸ばさずに貼る。

8

足首がぐらついて、岩場でヨロリ。
つま先が上がらず、コツンとつまずく。
3歩先は崖っぷちだったりする登山道。
自覚がある人は、次の山行から対策を。

下腿外側&
前面

[下腿外側]
ターゲット

テーピングの目的

長腓骨筋　　筋肉サポート

[下腿前面]
ターゲット

テーピングの目的

前脛骨筋　　筋肉サポート

- 長腓骨筋は、足首を内側にひねるのを抑制している。
- 疲労により長腓骨筋の機能が低下すると、
  足首を捻挫しやすくなる。
- 前脛骨筋は、つま先を上げる働きを担っている。
- 疲労するとつま先がしっかり上がらず、つまずく原因に。
- 双方とも、気づかないうちに疲労がたまっていることが多い。
- 長腓骨筋と前脛骨筋のサポートテーピングで、
  下腿の疲労、痛みを抑制し、循環を保つ。

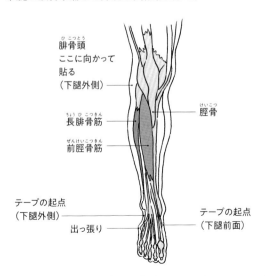

腓骨頭
ここに向かって
貼る
（下腿外側）

脛骨

長腓骨筋

前脛骨筋

テープの起点
（下腿外側）

テープの起点
（下腿前面）

出っ張り

2 ―― 登山のテーピングテクニック

❽ 下腿外側＆前面

【下腿外側】

Taping Techniques

テーピングテクニック

使うのはコレ

 →

50mm幅の
キネシオロジーテープ

測り方

❶ かかとの側面下から
   腓骨頭（→P81）へ。
❷ 1本用意する。

貼るときはこの姿勢で

椅子に座り、
貼るほうの脚のひざと
足首を直角に。

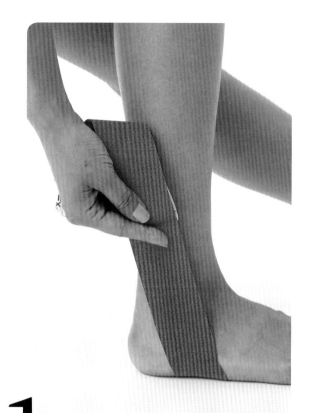

1

足の外側の中ほどにある出っ張りの
後ろ（かかと側から）からスタート。

Point ● 起点は、出っ張りとかかとの骨の間のイメージ。
　　　● テープの端を足裏にかける。
　　　● テープの端は伸ばさずに貼る。

2

テープを伸ばさずに、
外くるぶしの真上を通り、
ひざ下外側の出っ張り
（腓骨頭→P81）に
向かって貼る。

Point

● くるぶしをおおうイメージで。

3

腓骨頭の下まで進んで、
終了。

Point

● テープの端は
　伸ばさずに貼る。

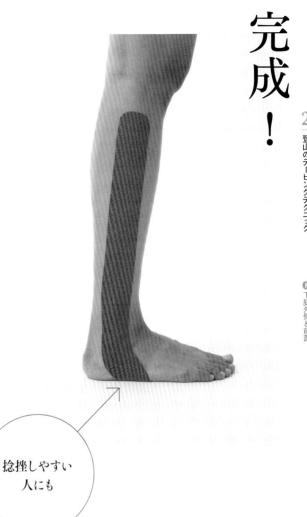

完成！

捻挫しやすい
人にも

Taping Techniques

テーピングテクニック

使うのはコレ

50mm幅の
キネシオロジーテープ

測り方	貼るときはこの姿勢で

測り方

❶ 土踏まずから、
　ひざの外側少し下へ。
❷ 1本用意する。

貼るときはこの姿勢で

椅子に座り、
貼るほうの足を
反対側のひざに乗せ、
つま先を伸ばす。

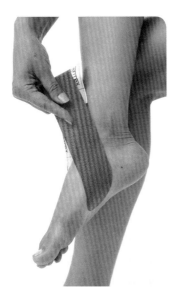

1

土踏まずの真ん中から
スタート。

Point

● 土踏まずのいちばん
　高い位置から。
● テープの端を足裏にかける。
● テープの端は
　伸ばさずに貼る。

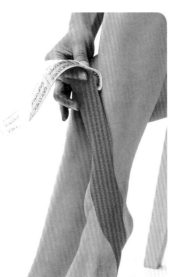

2

テープを伸ばさずに、
足首前面の腱の上を
通って貼っていく。

Point

● 足首を曲げたときに浮き出る
　腱の上を横切るように。

3

テープを伸ばさずに、
すね前面の骨
(脛骨→P81)の外側に
沿って貼り進む。

Point

● 脛骨のきわをテープの端で
なぞるように。

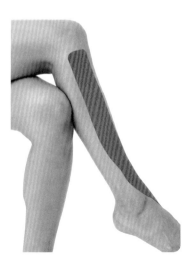

4

脛骨に沿って、
終点は自然な方向へ。

Point

● テープの端は
伸ばさずに貼る。

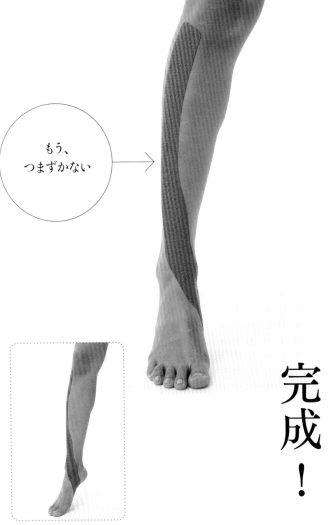

もう、
つまずかない

完成！

9

「あっ!」と思ったときには、足首がぐにゃり。
ときには歩けないほどの痛みと腫れをともない、
治るまでに数ケ月かかることもある捻挫。
クセになるので、可能なかぎり回避したい。

足首

足首（足関節）

軽い関節固定

- 傾いた足場に乗ったりして、足首を内側にひねることが、捻挫の原因。
- 足首周辺の靱帯が無理に引っ張られて損傷し、炎症を起こした状態になる。
- 一度伸びた靱帯はもとに戻りにくいので、捻挫を繰り返しやすい。
- テーピングで足首の可動域をゆるやかに制限する。
- テーピングをしていることによって関節の動きを意識しやすくなり、早い段階で捻挫の原因となる過度な動きを察知し、リカバリーを試みることができる。
- 捻挫がクセになっている人は、山に登るときの習慣に。

2

登山のテーピングテクニック

❾ 足首

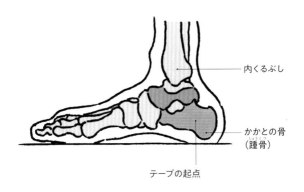

内くるぶし

かかとの骨
（踵骨（しょうこつ））

テープの起点

91

Taping Techniques

テーピングテクニック

使うのはコレ

50mm幅の
キネシオロジーテープ

測り方	貼るときはこの姿勢で

測り方

① 内くるぶしの下から、
　かかとの下を通って、
　足首の前へ。
② 3本用意する。

貼るときはこの姿勢で

椅子に座り、貼るほうの
すねを反対側のひざに
乗せる。足首は直角に。

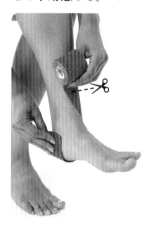

1

1本目。
内くるぶしの下から、
かかとに向かって
スタート。

Point
● テープの端は
　伸ばさずに貼る。

2

テープを伸ばしながら、
かかとの角を包むように
足の外側へ。

3

テープを伸ばしながら、
足首前面へ。

4

すねの下までは、
テープを伸ばしながら
貼る。
そのあとは伸ばさず、
自然な方向へ。

Point

● すねの下を過ぎたら、
　テープを伸ばさない。
● テープの端は
　伸ばさずに貼る。

5

2本目。
起点は1本目と同じ。
回転させるように、
方向をつま先側に
ずらす。

Point
● 3本目を真下に向って貼るので、
ずらす幅はその中間で。
● テープの端は伸ばさずに貼る。

6

テープを伸ばしながら、
かかとの下を通って
足の外側、足首へ。
すね下から先は、
伸ばさずに貼る。

Point
● 足の外側から足首の間で
1本目とクロスする。

7

2本目の貼り終わり。

Point
● テープの端は伸ばさずに貼る。

8

3本目。
起点は1、2本目と同じ。
回転させるように、
方向を真下にずらす。

Point ● テープの端は伸ばさずに貼る。

9

テープを伸ばしながら、
足裏を通って
足の外側、足首へ。
すね下から先は、
伸ばさずに貼る。

Point ● 足の外側から足首の間で
1、2本目とクロスする。

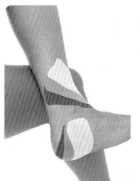

10

3本目の貼り終わり。

Point ● テープの端は伸ばさずに貼る。

完成！

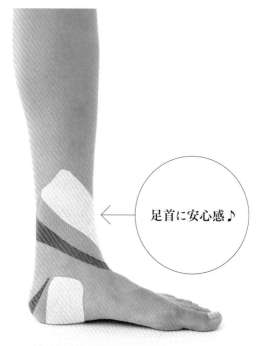

← 足首に安心感♪

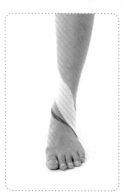

10

衝撃を受け止めて、推進力にもなる、
足裏の3つのアーチは快適歩行のカナメ。
扁平足の人も、そうでない人も、
テーピングでアーチをキープしよう。

足裏

ターゲット
足裏のアーチと足底筋膜

テーピングの目的
筋肉サポート

- 足裏には3つのアーチがあり、足底筋膜と連携してたわむことで歩行の衝撃をやわらげている。
- 負荷が蓄積すると足底筋膜が硬くなり、アーチの弾力が低下してつぶれてしまう。
- 扁平足やアーチが低下した状態での歩行は疲れやすく、ひざ、腰のダメージにつながることも。
- テーピングでアーチが上がった状態をつくり、足底筋膜の働きをなめらかにする。
- 扁平足の人はもちろん、そうでない人もコンディション維持に活用したい。
- 足裏の疲れ、痛みを感じたら、山行途中で取り入れても効果は大きい。

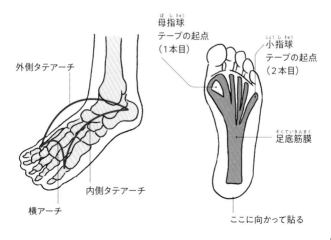

外側タテアーチ

母指球
テープの起点
（1本目）

小指球
テープの起点
（2本目）

足底筋膜

内側タテアーチ

横アーチ

ここに向かって貼る

Taping Techniques

テーピングテクニック

使うのはコレ

  →

50mm幅の
キネシオロジーテープ

測り方

① 母指球（→ P99）と
土踏まずの境から、
かかとの真ん中へ。
② 2本用意する。

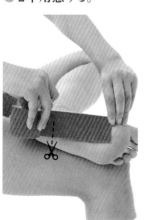

貼るときはこの姿勢で

椅子に座り、テーピングする
足を反対側のひざに乗せ、
指を反らせる。

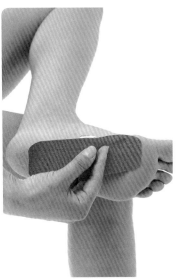

1

1本目。
母指球（→P99）の
いちばん高いところから、
かかとへ向かって
スタート。

Point

● 母指球の頂点に
テープの端を合わせる。
● テープの端は
伸ばさずに貼る。

2

土踏まずに貼る分の
テープを伸ばす。

Point

● 土踏まずにテープで
テンションをかけるイメージ。

3

テープを伸ばしながら、
土踏まずに密着させる。

4

土踏まずを過ぎたら、
テープを伸ばさずに、
かかとの真ん中へ。

Point

- かかとはテープを
  伸ばさずに貼る。
- テープの端は
  伸ばさずに貼る。

5

2本目。
小指球(→P99)の
いちばん高いところから、
かかとへ向かって
スタート。小指球の
下からかかとの手前は、
テープを伸ばして貼る。

Point

● 小指球の頂点にテープの
　端を合わせる。
● 小指球とかかとの間に、
　外側タテアーチがある。

6

終点は1本目と同じ。
かかとはテープを
伸ばさずに貼る。

Point

● 靴ずれ防止のため、1本目と
　間があかないように貼る。
● 間があくときは、
　2本目を内側に寄せる。

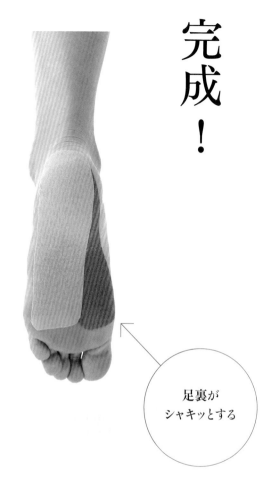

完成！

足裏が
シャキッとする

貼る位置がずれたら
効果なし?

　筋肉サポートが目的のときは、貼る位置を的確にとらえていることが重要。「脚のこのあたり」ではなく、筋肉の形を意識しながら端から端へ、重ねるようにテープを貼っていこう。

　大きな筋肉の場合は、テープがズバリ真ん中を通っていなくても、筋肉の幅に収まっていればOK。一方で、位置をはずしやすいのが細い筋肉。テープの幅も細いと、さらに難しくなってくる。

　登山のためにテーピングする場合は、対象が大きめの筋肉であることが多く、はずれる心配は比較的少ない。そのなかで細いのが下腿の長腓骨筋だが、幅のある50㎜のテープを使っていれば、範囲内の収めるのもそれほど難しくないだろう。

11

女性に多い外反母趾。
親指に力が入らず歩きにくいし、
ブーツに当たって痛みが出ることも。
軽度ならテーピングで補正できる。

外反母趾

足の親指の関節（付け根）

軽い関節固定

- 外反母趾は足の親指が人さし指側に曲がり、親指の付け根が出っ張ってしまった状態。
- 窮屈な靴などで足の親指が人さし指側へ押されることがおもな原因。
- 足の筋力不足、アーチのつぶれが原因になることも。
- 外反母趾になると、親指が使いにくく、歩行の推進力が低下する。
- 軽度の外反母趾は、テーピングで親指を使いやすい位置に戻すことが可能（重度の場合は不適応）。
- 外反母趾ではなくても、親指をしっかり使って歩けていない人にもおすすめ。

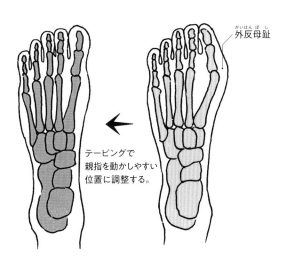

外反母趾（がいはんぼし）

テーピングで親指を動かしやすい位置に調整する。

2 登山のテーピングテクニック

⑪ 外反母趾

107

Taping Techniques

テーピングテクニック

使うのはコレ

50mm幅の
キネシオロジーテープ

測り方

① 親指の付け根から、
　土踏まずに沿って
　かかととの境まで。
② 片方の端から5cm程度、
　真ん中に切り込みを入れる。
③ 1本用意する。

貼るときはこの姿勢で

椅子に座り、
テーピングする足を
反対側のひざに乗せる。

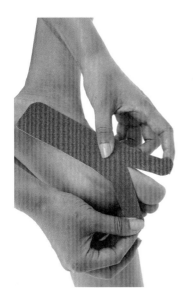

1

切れ目の根元を
親指の付け根、
側面に合わせる。

2

切れ目を入れた
足裏側のテープを、
伸ばさずに、親指の
根元に巻きつける。

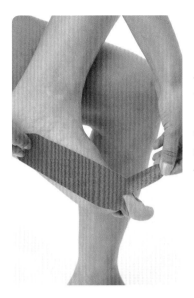

3

切れ目を入れた
甲側のテープを、
伸ばさずに、親指の
根元に巻きつける。

4

土踏まずに貼る分の
テープを伸ばす。

Point

● 土踏まずにテープで
　テンションをかけるイメージ。

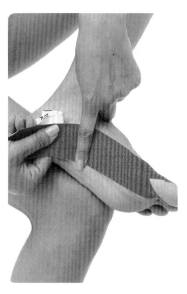

5

テープを伸ばしながら、
土踏まずに密着させる。

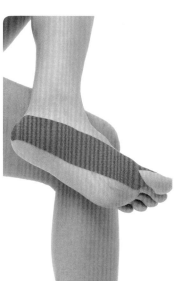

6

土踏まずを過ぎたら、
テープを伸ばさず、
自然な方向へ。

Point

● かかとはテープを
　伸ばさずに貼る。
● テープの端は
　伸ばさずに貼る。

完成！

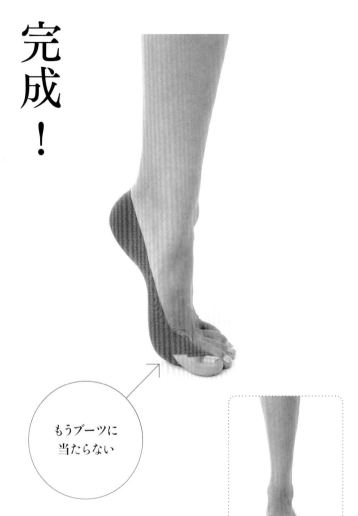

もうブーツに
当たらない

2泊3日、
貼ったままでいい?

　縦走中もテーピングしたままでいられたらラクチン。でも、肌がどれくらいテーピングに耐えられるかは人それぞれ。短時間の登山からテーピングを取り入れてみて、徐々に時間を伸ばしていくのが安心だ。

　肌が弱い人は、山小屋に着いたあとや下山後は、できるだけ早くテーピングをはずすようにしよう。また、行動中に貼っている箇所にかゆみが出たときはすぐにオフ。肌が丈夫で、貼ったままでも問題なければ、翌日もそのまま登山を続けてもいい。

　テープを伸ばして貼る関節固定のほうが、引っ張られることで皮膚が傷みやすい。また、内股など皮膚の薄いところは刺激に弱いので、ダメージに注意をはらっておきたい。

12

テントを背負ってアルプスの縦走へ。
バックパックの重さで腰がバリバリ。
気づくと後ろ手で重さを支えていたり……。
そんな疲労性の腰痛に、さっとテーピング。

腰

ターゲット

脊柱起立筋

テーピングの目的

筋肉サポート

- バックパックを背負うと、バランスをとるために前かがみになる。
- 前かがみになることで、体幹を起こし姿勢を維持する
  脊柱起立筋が緊張する。
- 筋肉の緊張が続いた結果、疲労による腰の痛みが生じる。
- パッキングや姿勢がかたよっていると、左右のどちらかが痛むことも。
- 脊柱起立筋のサポートテーピングで、
  疲労、痛みを抑制し、循環を保つ。
- 片方が強く痛むときは、テープを2本に増やしてもいい。

⑫ 腰

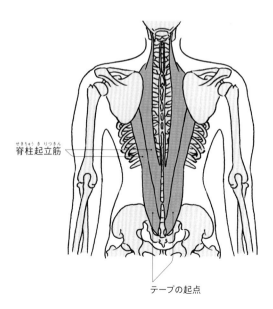

脊柱起立筋
_{せきちゅう きりつきん}

テープの起点

Taping Techniques

テーピングテクニック

使うのはコレ

50mm幅の
キネシオロジーテープ

測り方	貼るときはこの姿勢で
❶ 腰骨の上辺の高さから、背中の中ほどまで。 ❷ 2本用意する。	椅子の背もたれなどに手をつき、腰を伸ばした状態で軽く前傾する。

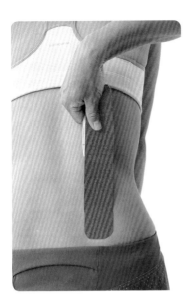

1

1本目。
スタートは腰骨の上辺を
結んだ線のやや下から。
背骨の横で盛り上がって
いる脊柱起立筋（→
P115）の下から上へ。

Point

● テープの端は
  伸ばさずに貼る。

⑫
腰

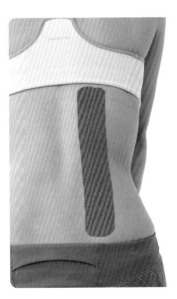

2

テープを伸ばさず、
脊柱起立筋に
重ねるように、
まっすぐ上へ。

Point

● 自分で貼るのは難しいので、
  誰かに貼ってもらう。
● 貼るときも前傾姿勢をキープ。

3

2本目。
背骨をはさんだ
反対側に、1本目と
同じ要領で、
伸ばさずに貼る。

Point

● 貼るときも前傾姿勢をキープ。
● テープの端は
  伸ばさずに貼る。

バリエーション

痛みが右に
かたよっている場合は、
テープをもう1本プラス。

Point

● テープ幅の
  1/2から1/3を重ねて貼る。
● 右だけが痛む場合でも、
  左に1本は貼っておく。

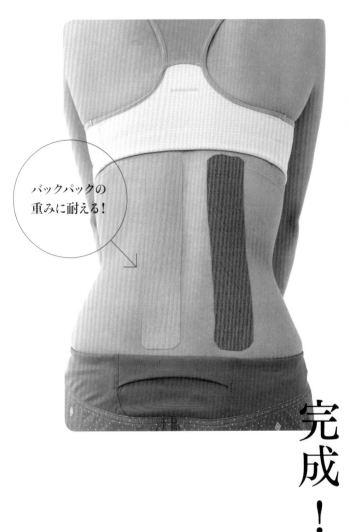

バックパックの
重みに耐える！

完成！

貼りたい場所に
すりキズが

テーピングしたいところにすり傷や切り傷が……。山ではよくあることだが、小さなものであれば絆創膏などで傷を保護してからテーピングすればいい。テープを傷に直接貼らなければ大丈夫だ。

ガーゼをあてているような大きな傷の上にテーピングするのは避けたいところ。肌とテープの間に大きなものがはさまると、テーピングの効果も得にくい。

絆創膏の上からテーピングしていると傷の具合がわかりにくい。その日の行動を終了したら、早めにテーピングをはずして傷口のチェックを。疼痛、腫れ、熱感など、化膿の兆候があるときは、テーピングより傷のケアを優先したい。

Chapter

3

第3章 登山に便利なプレカットテープ

複数のテープを使って貼るところを、
1枚のシートで完結させる、テーピングの進化形。
複雑なカタチのテープをパズルのように、
順番どおりに貼っていくと……
心強いサポート体制のできあがり。
初心者にも取り入れやすいアイテムだが、
ターゲットごとにデザインされた効果は、
テーピング愛好者も満足間違いなし。

ひざ・もも

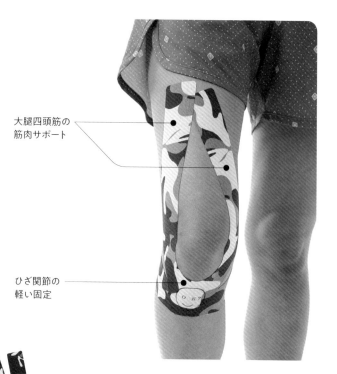

大腿四頭筋の
筋肉サポート

ひざ関節の
軽い固定

X型のようなフォルム。中央部をひざ下
にあてて、左右の2本をももに貼る。
ひざを安定させ、ももでは大腿四頭筋、
ハムストリングスをサポートしている。
もものテープは気になる筋肉や靭帯に
貼る位置を変えてアレンジできる。

GONTEX　膝貼足+2
2枚入り　850円+税
[間] ジーオーエヌ
☎03-5776-3096

パッケージはこんなかんじ

1本でひざとももをフルサポート。
「いつもひざが痛くなって……」という人の
テーピング入門にもおすすめ。

ハムストリングスの
筋肉サポート

ひざ部分のみ伸ばして貼り、
ももは伸ばさずに貼る。
「どれくらい伸ばせばいい
の?」の疑問にはマスコット
が答えてくれる。顔が楕円
から真ん丸になったところ
がちょうどいい。

123

足首

クセになりやすい捻挫に。
登山のお守りアイテム。

足首まわりを
やわらかく固定

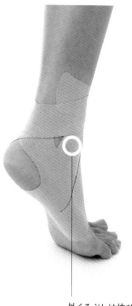

外くるぶしは伸びず、
ひねりやすい足首を
支えてくれる

なにやら不思議な生き物のようなカタチ。かかと
の下をベースに6本のテープで多方向に足首をカ
バー。軽く固定して、捻挫を防いでくれる。足
首が外側に倒れにくいよう、外くるぶしに貼る1
本だけ伸びないテープになっているのがポイント。

GONTEX　足首貼足3　2枚入り　1100円+税

足裏

快適な歩行は足裏から。
アーチの機能をキープ。

3つのアーチを、
しっかりと

第二の皮膚のようにかかと〜足裏を包んで、足裏
にある3つのアーチを形づくってくれる。最初に横
アーチに貼り、2つの縦アーチへ。扁平足の人はも
ちろん、アーチが落ちやすい人の疲労予防にも。
歩行の衝撃でたわんだアーチを素早く戻してくれる。
GONTEX　足裏貼足4　2枚入り　750円+税

外反母趾

外反母趾の痛みに、
手軽に巻ける一本。

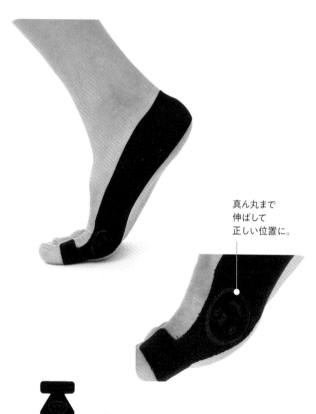

真ん丸まで
伸ばして
正しい位置に。

外反母趾の特徴である内側に曲がった親指を正
しい位置に近づけてくれる。細い部分を親指の
付け根にまわし、足の側面に沿って太い部分を
貼って完成。親指を効果的に使えるようになり、
ブーツに当たった痛みも軽減してくれる。

GONTEX 親指貼足1 5枚入り 700円+税

Chapter

4

第4章 スポーツクライミングのテーピングテクニック

ムーブを起こすと痛い、調子が悪い。
気になるところは登る前にテーピング。
使うのは50mm幅のキネシオロジーテープ。
ダメージの原因を理解しながら、
テーピング方法をマスターしよう。

テープはこの色の順で
貼っています。

①
②

1

ホールドをぐっとつかむたびに、
ひじの内側に痛みが走る。
クライミングには欠かせない、
繰り返す動作に予防的なケアを。

ひじ内側

手関節の屈筋群

筋肉サポート

- 手関節の屈筋群はホールドをつかむとき、
  手首の角度をキープするときに使われる。
- クライミング中に繰り返される動作で疲労が蓄積し、
  屈筋群の伸縮性が低下する。
- ひじの内側で屈筋群と骨をつなぐ腱が引っ張られて
  痛みが生じる。
- 手関節の屈筋群のサポートテーピングで、
  疲労、痛みを抑制する。
- 手関節の伸筋群（次項）と連携して働くので、
  双方のテーピングを併用したい。

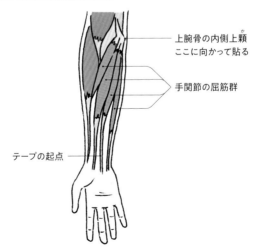

上腕骨の内側上顆
ここに向かって貼る

手関節の屈筋群

テープの起点

4 | スポーツクライミングのテーピングテクニック ❶ ひじ内側

Taping Techniques

テーピングテクニック

使うのはコレ

50mm幅の
キネシオロジーテープ

測り方

1. 手首の手のひら側から
   ひじの内側へ。
2. ひじの3cmほど下で
   カット。
3. 1本用意する。

貼るときはこの姿勢で

ひじを伸ばし、
手首を反らせる。

1

手首の手のひら側から、前腕の内側に沿ってスタート。

Point ● 貼り始めは手首の幅の真ん中に。
● テープの端は伸ばさずに貼る。

2

テープを伸ばさずに、
ひじの内側に
向かって貼っていく。

Point

● テープがよれて
  しわにならないように。

3

ひじ内側の骨が
出っ張っているところ
(上腕骨の内側上顆→
P129)の手前で終了。

Point

● 上腕骨の内側上顆はひじ
  内側で出っ張っているところ。
● 手首からひじ内側へと
  きれいに伸びていることを
  確認しよう。
● テープの端は伸ばさずに貼る。

完成！

痛くなる前に
貼っておこう

133

2

前腕では屈筋群と伸筋群が
バランスをとって働いている。
だから、ひじの痛みは内側と外側を
セットでケアするのがおすすめ。

ひじ外側

手関節の伸筋群

筋肉サポート

- 手関節の伸筋群はホールドをつかむとき、手首の角度を
  キープするときに使われる。
- クライミング中に繰り返される動作で疲労が蓄積し、
  伸筋群の伸縮性が低下する。
- ひじの外側で伸筋群と骨をつなぐ腱が引っ張られて痛みが生じる。
- **手関節の伸筋群のサポートテーピングで、**
  疲労、痛みを抑制する。
- **手関節の屈筋群（前項）と連携して働くので、**
  双方のテーピングを併用したい。

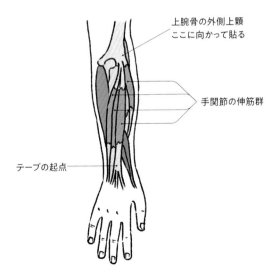

上腕骨の外側上顆
ここに向かって貼る

手関節の伸筋群

テープの起点

Taping Techniques

テーピングテクニック

使うのはコレ

 →

50mm幅の
キネシオロジーテープ

測り方

① 手首の甲側から
　ひじの外側へ。
② ひじの3cmほど下で
　カット。
③ 1本用意する。

貼るときはこの姿勢で

ひじを伸ばし、
手首を曲げる。

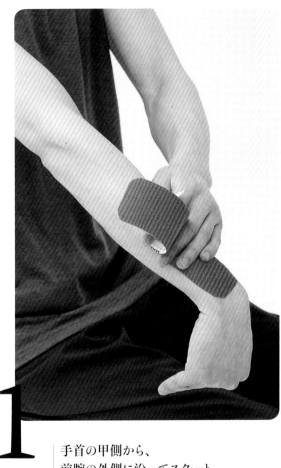

1

手首の甲側から、
前腕の外側に沿ってスタート。

Point ● 貼り始めは手首の幅の真ん中に。
　　　● はがれやすいので手首の屈曲部にかからないように。
　　　● テープの端は伸ばさずに貼る。

2

テープを伸ばさずに、
ひじの外側に向かって
貼っていく。

Point

● テープがよれて
しわにならないように。

3

ひじ外側の骨が
出っ張っているところ
（上腕骨の外側上顆→
P135）の手前で終了。

Point

● 上腕骨の外側上顆はひじを
曲げたときに外側で出っ張る
ところ。
● 手首からひじ外側へと
きれいに伸びていることを
確認しよう。
● テープの端は伸ばさずに貼る。

完成！

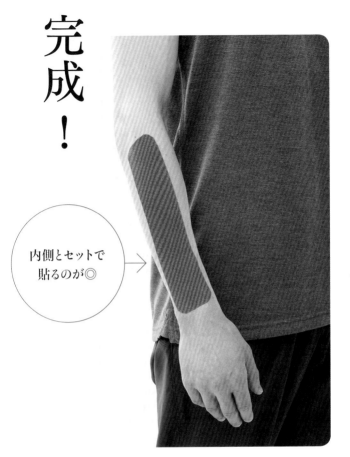

内側とセットで
貼るのが◎　→

3

まだまだトライしたいのに、
腕がだるくて、上がらない……。
予防テーピングのチカラを借りて、
パフォーマンスを長持ちさせよう。

肩
（動作）

ターゲット

三角筋

テーピングの目的

筋肉サポート

- 三角筋は、肩を動かすすべての動作で使われる。
- とくに腕を上げる動作で重要な筋肉なので、
  クライミング中の稼働率が高い。
- 三角筋が疲労すると、腕が上がらない、だるい、力が入らず
  ホールドを引けないという症状が出る。
- 三角筋のサポートテーピングで、疲労、痛みを抑制する。
- 腕が上がりやすくなるので、疲れがないときも効果的。

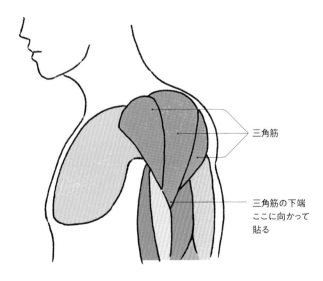

三角筋

三角筋の下端
ここに向かって
貼る

4 ── スポーツクライミングのテーピングテクニック ❸ 肩（動作）

Taping Techniques

テーピングテクニック

使うのはコレ

  →

50mm幅の
キネシオロジーテープ

測り方	貼るときはこの姿勢で

測り方

① 鎖骨の下から
  　上腕の外側へ。
② 上腕の中ほどでカット。
③ 2本用意する。

貼るときはこの姿勢で

前側のテープを貼るときは
腕を後ろに引く。
後ろ側のテープを
貼るときは腕を前に。

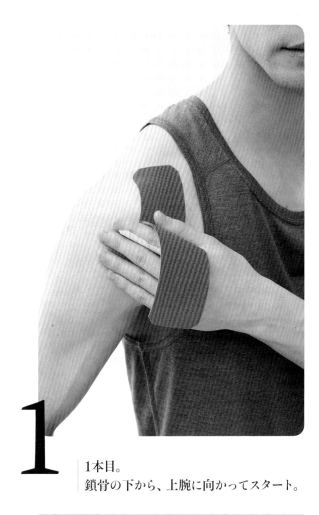

1

1本目。
鎖骨の下から、上腕に向かってスタート。

Point ● 腕を後ろに引き、三角筋を伸ばす。
　　　● テープの端は伸ばさずに貼る。

2

テープを伸ばさずに、
三角筋（→P141）のふちに
沿って貼っていく。

Point

● 三角筋の形をふち取るように。
● 三角筋とテープの外側を
　そろえる。

3

自然に
筋肉のふちに沿い、
三角筋の下で終了。

Point

● 最後まで三角筋の形を
　ふち取るように。
● テープの端は
　伸ばさずに貼る。

4

2本目。
肩の後ろ、押すとくぼむ
ところからスタート。

Point

● 腕の付け根のところ。
　くぼむ位置を
　指で確認しておく。

5

テープを伸ばさずに、
三角筋をふち取るように
貼っていき、
下部で終了。

Point

● 最後まで三角筋の形を
　ふち取るように。
● テープの端は
　伸ばさずに貼る。

完成！

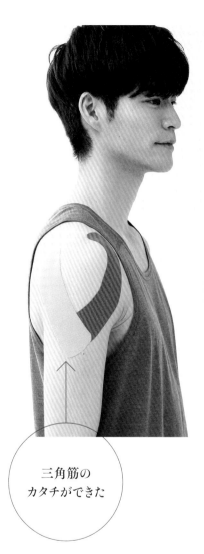

三角筋の
カタチができた

+ストレッチで、はがれにくい

　テーピングしたのに、登っているうちにはがれてしまう。それは、大きな動きでぐんっと伸ばされる筋肉にテーピングがついていけないから。

　それを解決するのが、テーピング前のストレッチ。十分にストレッチして筋肉の可動域を広げてから貼ることでテープがはがれにくくなるのだ。

　故障をふせぎ、充分なパフォーマンスを発揮するためにも、クライミング前のストレッチは重要。動的ストレッチ→静的ストレッチの順に行なうのがいい。

　そして、テーピングしたあと、もう一度ストレッチしてみて、はがれないかチェックすればカンペキ。

4

オールアウトまで登った翌日、
重く、じんわり残る肩の疲労感。
仕事をしていても気になるから、
テーピング1本でセルフケア。

肩
（疲労）

僧帽筋

筋肉サポート

- 僧帽筋は肩甲骨を動かし、腕の筋肉とも連携している。
- 僧帽筋が疲労すると、肩、腕の動きが悪くなる。
- 腕を上げたり、引いたりする動作がしにくくなり、最後のひと伸ばしが利かない。
- クライミング後の肩の疲れ、こりは僧帽筋の疲れが原因。
- クライミング中より、あとで疲れを感じることが多い。
- **僧帽筋のサポートテーピングで疲労を抑制、回復。**

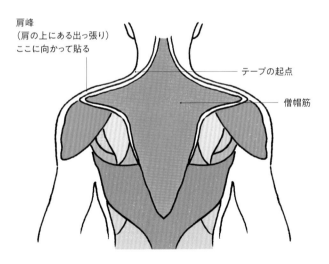

肩峰
（肩の上にある出っ張り）
ここに向かって貼る

テープの起点

僧帽筋

4 ── スポーツクライミングのテーピングテクニック ── ❹ 肩（疲労）

Taping Techniques

テーピングテクニック

使うのはコレ

50mm幅の
キネシオロジーテープ

測り方

① 肩と首の境界から
　腕のほうへ。
② 肩峰(→P149)でカット。
③ 1本用意する。

貼るときはこの姿勢で

首を反対側に曲げ、
肩を落とす。

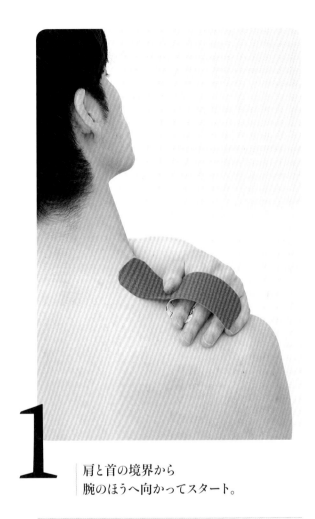

1

肩と首の境界から
腕のほうへ向かってスタート。

Point ● 肩の上で盛り上がっている筋肉の首寄りから。
● テープの端は伸ばさずに貼る。

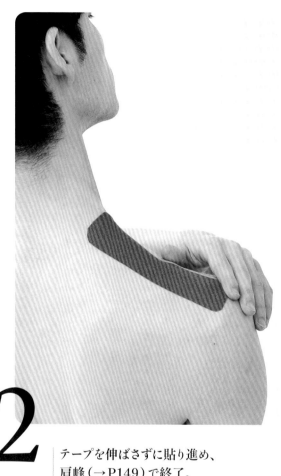

2

テープを伸ばさずに貼り進め、
肩峰（→P149）で終了。

Point ● 肩峰は腕の付け根、肩の上で出っ張っているところ。
● テープの端は伸ばさずに貼る。

普段の肩こりにも
おすすめ

完成！

5

ぐいっと体を引き上げたとき、
肩の前面にズキッと走るいやな痛み。
テーピングで不調を予防しつつ、
オーバートレーニングにも注意。

上腕前面

上腕二頭筋

筋肉サポート

- 上腕二頭筋はひじを曲げる動作で使われる。
- 肩関節で骨と骨の間を通っていて、疲労で伸縮性が低下すると骨と腱に摩擦が生じて炎症を起こす。
- 力を入れると肩関節の前面に痛み、引っかかりを感じるときは上腕二頭筋の疲労を疑う。
- 同じ箇所の痛みでも、体の使い方によって原因が異なる場合があるので精査が必要。
- 上腕二頭筋のサポートテーピングで疲労を抑制。肩関節前面の痛み、引っかかり感を軽減する。
- 上腕二頭筋と上腕三頭筋は同時に働いているので、両方のテーピングを。

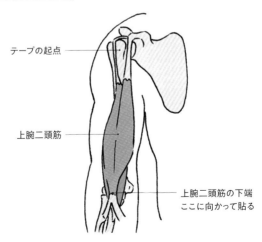

テープの起点

上腕二頭筋

上腕二頭筋の下端
ここに向かって貼る

4

スポーツクライミングのテーピングテクニック

❺ 上腕前面

155

Taping Techniques

テーピングテクニック

使うのはコレ

 →

50mm幅の
キネシオロジーテープ

測り方

1. ひじの少し上、
   上腕二頭筋（→P155）
   の端から上へ。
2. 肩前面の凸部の
   中ほどでカット。
3. 1本用意する。

貼るときはこの姿勢で

手のひらを正面に向け、
腕を軽く後ろに。

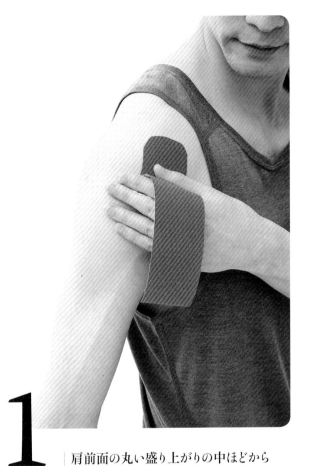

1

肩前面の丸い盛り上がりの中ほどから
ひじに向かってスタート。

Point　● スタートは腕の付け根の前面にある丸く大きな凸部。
　　　　● テープの端は伸ばさずに貼る。

2

テープを伸ばさずに、
上腕二頭筋(→P155)
の上を通って、
ひじの内側へ。

Point

● 上腕二頭筋は「力こぶ」と
　呼ばれる筋肉。
● テープがよれて
　しわにならないように。

3

ひじの少し上、
上腕二頭筋の端で終了。

Point

● はがれやすいのでひじ関節に
　かからないように。
● テープの端は
　伸ばさずに貼る。

力こぶを
長持ちさせる！

完成！

6

ぐいっと体を引きつける上腕二頭筋を
後ろでそっとサポートしている上腕三頭筋。
ふたつがバランスをとって動いているので、
縁の下の力持ちもしっかりケア。

上腕後面

上腕三頭筋

筋肉サポート

- 上腕三頭筋はひじを伸ばす動作で使われる。
- いちばんの役割は上腕二頭筋と連動して力を発揮させ、引く動作をサポートすること。
- ひじの角度をキープする働きも担っている。
- 疲労すると腕の引きつけが弱くなり、体を引き上げられなくなる。
- **上腕三頭筋のサポートテーピングで疲労を抑制。**
- **上腕二頭筋と上腕三頭筋は同時に働いているので、両方のテーピングを。**

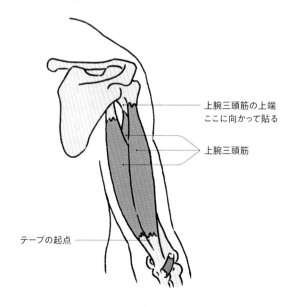

上腕三頭筋の上端
ここに向かって貼る

上腕三頭筋

テープの起点

4 — スポーツクライミングのテーピングテクニック ❻ 上腕後面

161

Taping Techniques

テーピングテクニック

使うのはコレ

50mm幅の
キネシオロジーテープ

測り方	貼るときはこの姿勢で

測り方

① ひじの少し上、
　後ろ側から脇へ。
② 脇下でカット。
③ 1本用意する。

貼るときはこの姿勢で

腕を上げ、起点を貼ったら
ひじをぐっと曲げる。

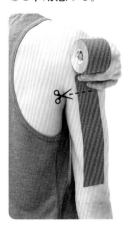

1

ひじの後ろ側、少し上から脇に向かって
スタート。

Point　● 貼り始めは腕の幅の真ん中に。
　　　　● テープの端は伸ばさずに貼る。

2

テープを伸ばさずに、
上腕三頭筋（→P161）
の上を通って、脇へ。

Point

● 上腕三頭筋は上腕の
　後ろ側でふくらんでいる筋肉。
● テープがよれて
　しわにならないように。

3

脇の少し手前、
上腕三頭筋の端で終了。

Point

● はがれやすいので
　脇にかからないように。
● テープの端は
　伸ばさずに貼る。

二頭筋の
"ぐいっ"を助ける

完成！

7

指に力を込めると、手首がズキン。
「また痛むのかな」と思うと、
核心で思いきったムーブができない。
そうなる前に安定感をプラス。

手首

手関節

関節サポート

- 手関節には腱を束ね、手首を安定させる
  伸筋支帯というバンドがある。
- 手首を横に振った状態で指に力を込めると、
  手関節に負担がかかり痛みを生じる。
- 手関節のサポートテーピングで手首を安定させる。
- 伸筋支帯を少しきつくする感覚で、指に力がかかりやすくする。

4 スポーツクライミングのテーピングテクニック

❼ 手首

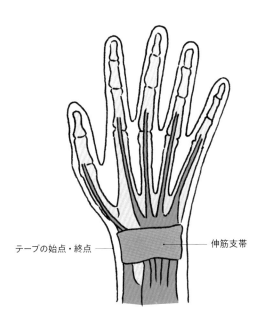

テープの始点・終点 ー── | ── 伸筋支帯

Taping Techniques

テーピングテクニック

使うのはコレ

 →

50mm幅の
キネシオロジーテープ

測り方

① 手首に巻く。
　 重ねて貼れるので
　 巻きたい長さにカット。
② 1本用意する。

貼るときはこの姿勢で

こぶしを握り、
手首の筋肉を緊張させる。

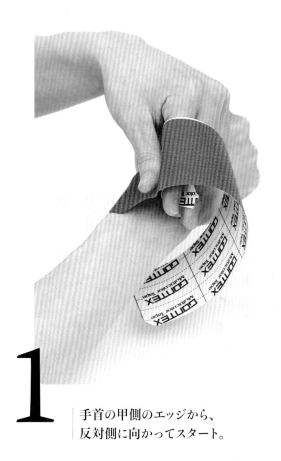

1

手首の甲側のエッジから、
反対側に向かってスタート。

Point ● 貼り始めは片方のエッジに引っかけるように。
● テープの端は伸ばさずに貼る。

2

テープを浮かせたまま、
最大限に伸ばす。

Point

● 端だけを貼り、
  その先は
  浮かせたまま伸ばす。

3

テープを
ぴんと伸ばしたまま
反対側のエッジまで
貼る。

Point

● 貼り終わるまで
  テープがゆるまないように。

4

手首の手のひら側は
伸ばさずに貼る。

Point

● 手首の手のひら側にある血管、
神経、腱を圧迫しないよう、
伸ばさずに貼る。

5

重ねて貼ることで、
安定感を調整できる。
重ねるときはテープを
ずらさず、
下のテープの真上に。

Point

● 甲側はぴんと伸ばし、
手のひら側は伸ばさないのは
2巻き目以降も同様に。

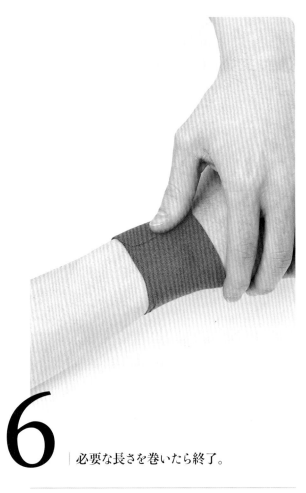

6

必要な長さを巻いたら終了。

Point ● 手首の骨がきゅっと圧迫された感覚を得られればOK。
　　　 ● 症状や好みに合わせて巻く回数を調節しよう。

完成！

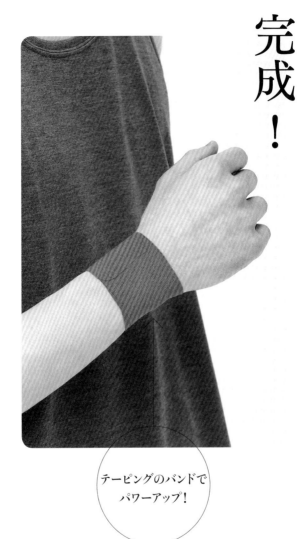

テーピングのバンドで
パワーアップ！

スポーツクライミングのテーピングテクニック

7 手首

8

クライミングには不可欠のミッション。
でも、ビレイしているとジワジワ、気になる。
首の疲れ、痛みで集中を切らさないよう、
ビレイのためにもテーピングを。

首

僧帽筋

筋肉サポート

- ずっと上を見ていると僧帽筋の上部に負担がかかる。
- 僧帽筋が疲れて硬くなると痛みを生じる。
- 繰り返しで疲労が蓄積し、肩こりのような状態に。
- ビレイで首が痛くなるのは、この状態。
- 僧帽筋のサポートテーピングで疲労を抑制し、こりを緩和。
- 両側が痛む場合は頸椎をはさんで左右にテーピングする。

4 スポーツクライミングのテーピングテクニック

⑧ 首

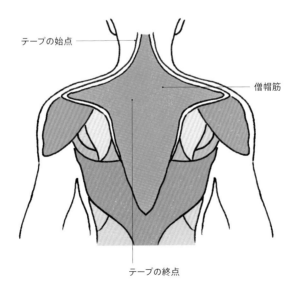

テープの始点

僧帽筋

テープの終点

Taping Techniques

テーピングテクニック

使うのはコレ

50mm幅の
キネシオロジーテープ

測り方

① 首の中ほどから下へ。
② 肩甲骨の横でカット。
③ 1本用意する。

貼るときはこの姿勢で

背中を丸めて、
首をうなだれる。
体の後ろ側なので、
誰かに貼ってもらおう。

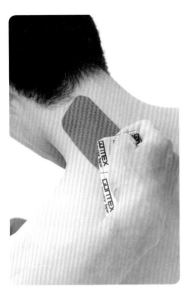

1

首の中ほどから、下へ向かってスタート。

Point

● 髪の毛の上に貼らないように。
● テープの端は伸ばさずに貼る。

2

テープを伸ばさずに頸椎のきわを通り、肩甲骨の横で終了。

Point

● 頸椎にテープがかからないよう、きわに沿って貼る。
● テープの端は伸ばさずに貼る。

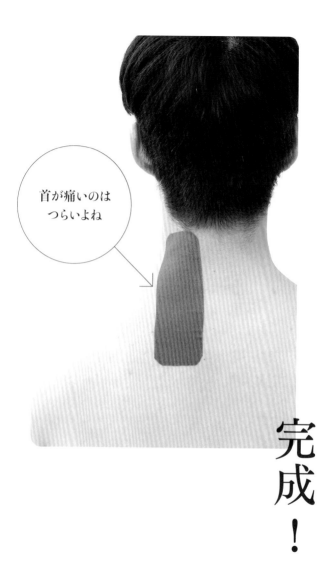

第5章 Chapter 5 スポーツクライミングに便利なプレカットテープ

ターゲットの筋肉や関節に合わせたカタチで、
複数のテープの仕事を1枚に凝縮。
専用のデザインだから、効果はお墨付き。
説明書の手順どおりに貼っていけば、
格好よく、効果的なテーピングの出来上がり。
ビギナーにも使いやすいけれど、
バリバリのクライマーにもおすすめ。

肩

Point

- きれいに仕上げるため、
  誰かに貼ってもらおう。
- 肩の上に3本の根元部分を貼り、
  前、後ろ、真ん中の順で
  筋肉のカーブに合わせて
  貼っていく。

不思議な生き物のようなカタチで肩の動きをサポート。ターゲットは三角筋。クライミングには不可欠で、何度も繰り返す腕を上げる動作をスムーズにしてくれる。「3.肩（動作）」の項と目

ハードワークな三角筋を
3本のテープで手厚くサポート。
本気トライに頼れるヤツ。

3本のテープで
三角筋を
しっかりカバー

的は同じだが、テープを3本に増やしてサポート
力をアップ。筋肉の形に合わせてデザインされ
ているので、立体的な筋肉にぴったり貼れる。
GONTEX　肩貼手2　2枚入り　750円+税
（問）ジーオーエヌ☎03-5776-3096

パッケージはこんなかんじ

ひじ

【 ひじ内側 】

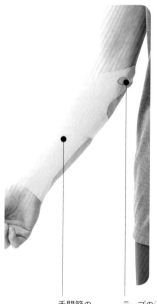

手関節の
屈筋群を
サポート

テープの○を
ひじ内側の
出っ張りと合わせる

疲労した筋肉に
引っ張られて、
ひじ関節が痛むのを抑制

Point

● きれいに仕上げるため、誰かに貼ってもらおう。

● テープの○をひじの内側の出っ張りに合わせたら、
  手首の方向に貼り、羽のような部分で仕上げる。

「腕が終わった……」
たくさん登りたいときは、
最初に貼っておこう。

【ひじ外側】

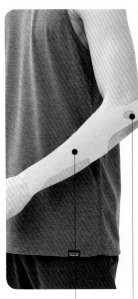

手関節の
伸筋群を
サポート

テープの○を
ひじ外側の
出っ張りと合わせる

疲労した筋肉に
引っ張られて、
ひじ関節が痛むのを抑制

飛行機のようなカタチのテープで前腕の筋肉をサポートし、疲労を抑制。パフォーマンスのキープ、故障予防に取り入れたい。正確な位置に貼れるよう、起点の丸い穴とひじの出っ張りを合わせるようになっている。前腕の内側、外側共通。

GONTEX　肘貼手1　2枚入り　750円＋税

高橋 仁（たかはし ひとし）

1965年、東京都出身。帝京平成大学健康
医療スポーツ学部医療スポーツ学科教授。
日本体育大学大学院修了、東京衛生学園
卒業。鍼灸師、あんま・マッサージ、指圧
師。日本スポーツ協会公認アスレティックト
レーナー。著書に『テーピング・バイブル コ
ーチ編』『DVDでよくわかる！ひとりでできる
スポーツテーピング』（ともにベースボール・
マガジン社）がある。

山のABC　　　　　　　　　　　　　　　　　　　　　　　YS050
テーピングで快適！登山＆スポーツクライミング

2020年8月1日　初版第1刷発行

著者　　　　高橋 仁
発行人　　　川崎深雪
発行所　　　株式会社山と溪谷社
　　　　　　〒101-0051 東京都千代田区神田神保町1丁目105番地
　　　　　　https://www.yamakei.co.jp/
　　　　　　■乱丁・落丁のお問合せ先
　　　　　　　山と溪谷社自動応答サービス　TEL：03-6837-5018
　　　　　　　受付時間／10:00〜12:00、13:00〜17:30（土日、祝日を除く）
　　　　　　■内容に関するお問合せ先
　　　　　　　山と溪谷社　TEL：03-6744-1900（代表）
　　　　　　■書店・取次様からのお問合せ先
　　　　　　　山と溪谷社受注センター　TEL：03-6744-1919
　　　　　　　　　　　　　　　　　　　FAX：03-6744-1927

印刷・製本　図書印刷株式会社